U0481461

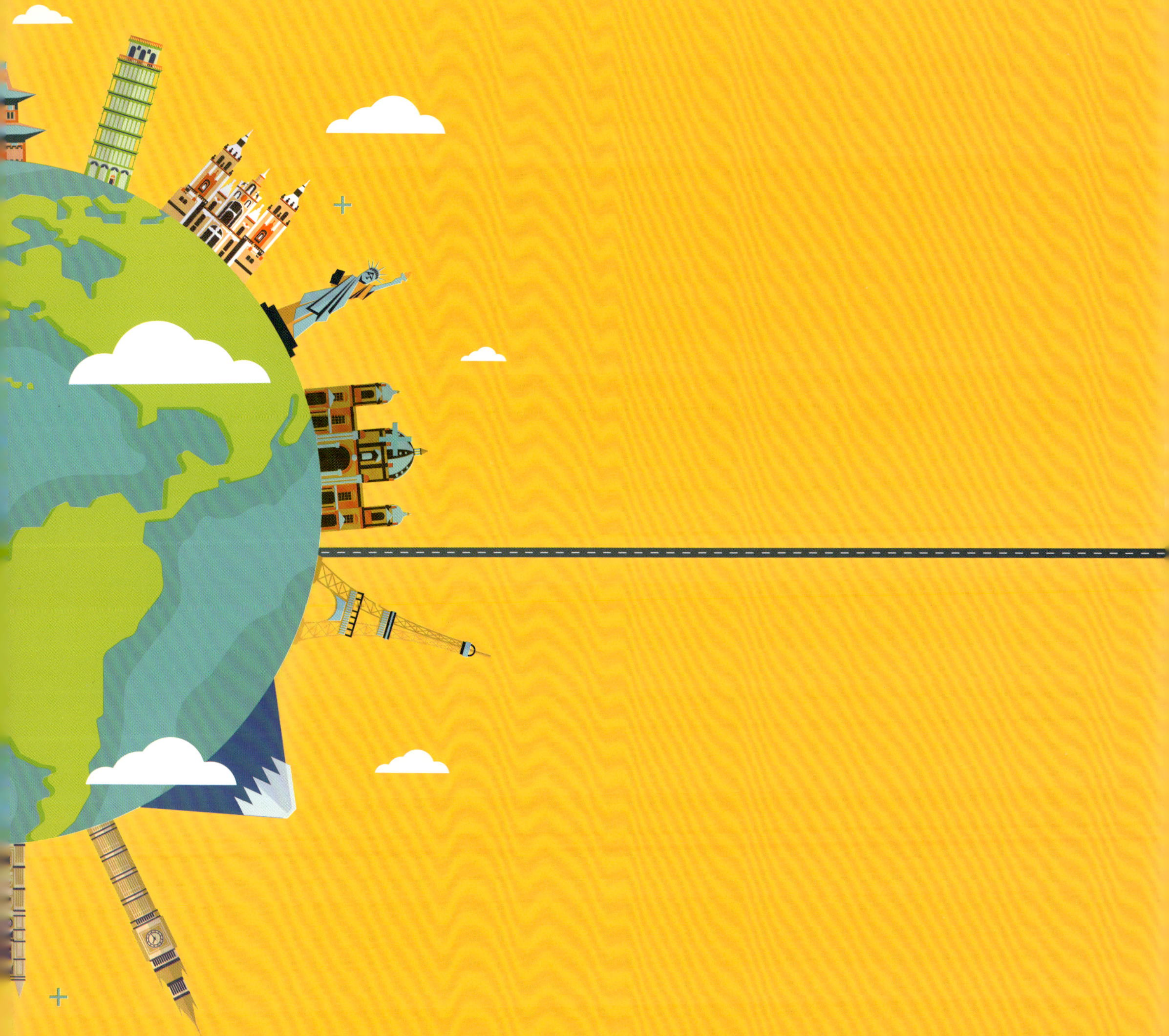

世界名车大百科

The World's Cars

[韩] 汽车研究所 / 编绘

张锦兰 / 译

图书在版编目（CIP）数据

世界名车大百科 / 韩国汽车研究所编绘 ；张锦兰译
. -- 长春：吉林美术出版社，2019.12
 ISBN 978-7-5575-5353-1

Ⅰ. ①世… Ⅱ. ①韩… ②张… Ⅲ. ①汽车－世界－儿童读物 Ⅳ. ①U469-49

中国版本图书馆CIP数据核字(2019)第280725号

세계 명품 자동차 투어
Copyright ©2018 by vehicle power plant
All rights reserved.
SimpliÞed Chinese copyright©2019 by Beijing Balala Cultural Development Co. Ltd.
This SimpliÞed Chinese edition was published by arrangement with GoldenBell through Agency Liang

版权合同登记号：07-2019-58

世界名车大百科
SHIJIE MINGCHE DABAIKE

[韩]汽车研究所 /编绘　张锦兰/译

| 出　版　人：赵国强 |
| 策　　　划：巴拉拉 |
| 责任编辑：林　鸣 |
| 特约编辑：石　颖 |
| 美术编辑：童　磊　周伶俐 |
| 开　　本：889mm×1194mm　1/16 |
| 印　　张：9.25 |
| 版　　次：2020年4月第1版 |
| 印　　次：2020年4月第1次印刷 |
| 出版发行：吉林美术出版社 |
| 地　　址：长春市人民大街4646号 |
| 邮　　编：130021 |
| 经　　销：全国新华书店 |
| 印　　刷：北京彩虹伟业印刷有限公司 |
| 书　　号：ISBN 978-7-5575-5353-1 |
| 定　　价：58.00元 |

本书由吉林美术出版社出版，未经出版者书面许可，不得以任何方式抄袭、复制或节录本书的任何部分。
版权所有，侵权必究

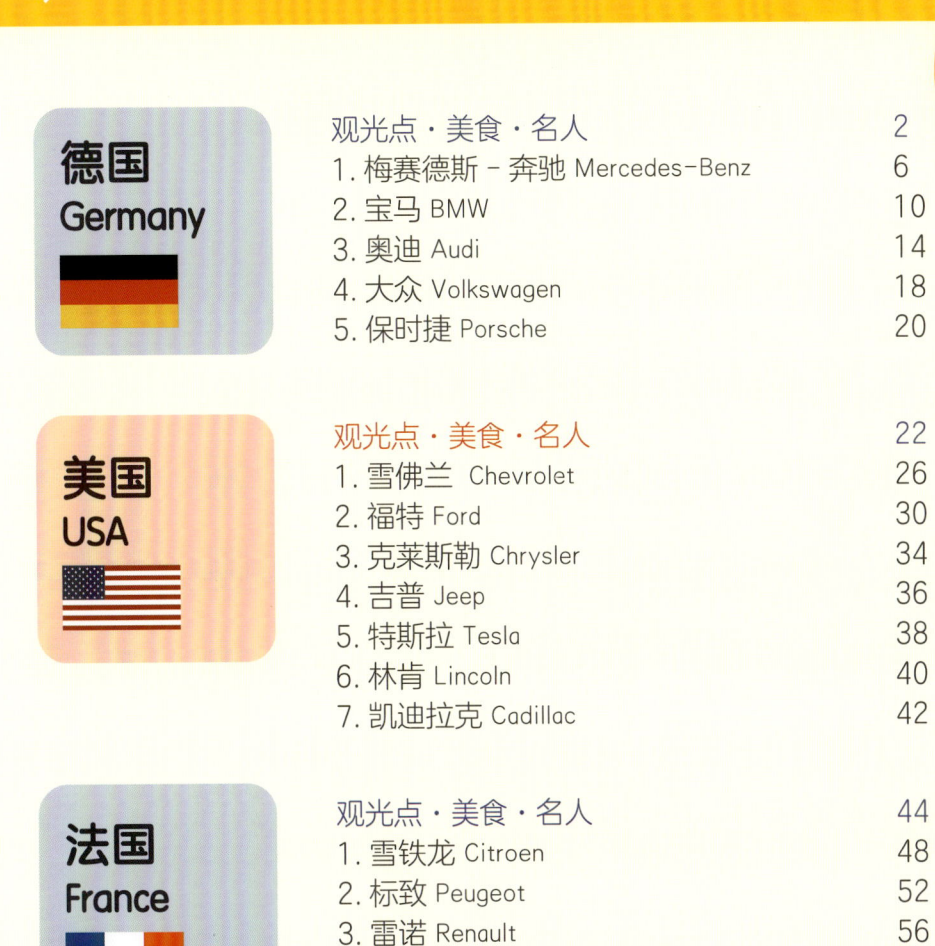

目录

德国 Germany

观光点·美食·名人	2
1. 梅赛德斯－奔驰 Mercedes-Benz	6
2. 宝马 BMW	10
3. 奥迪 Audi	14
4. 大众 Volkswagen	18
5. 保时捷 Porsche	20

美国 USA

观光点·美食·名人	22
1. 雪佛兰 Chevrolet	26
2. 福特 Ford	30
3. 克莱斯勒 Chrysler	34
4. 吉普 Jeep	36
5. 特斯拉 Tesla	38
6. 林肯 Lincoln	40
7. 凯迪拉克 Cadillac	42

法国 France

观光点·美食·名人	44
1. 雪铁龙 Citroen	48
2. 标致 Peugeot	52
3. 雷诺 Renault	56
4. 布加迪 Bugatti	60

意大利 Italy

观光点·美食·名人	62
1. 菲亚特 Fiat	66
2. 玛莎拉蒂 Maserati	70
3. 法拉利 Ferrari	72
4. 兰博基尼 Lamborghini	74

英国 United Kingdom

观光点·美食·名人	76
1. 劳斯莱斯 Rolls-Royce	80
2. 捷豹 Jaguar	82
3. 路虎 Land Rover	84
4. 迷你 Mini	86

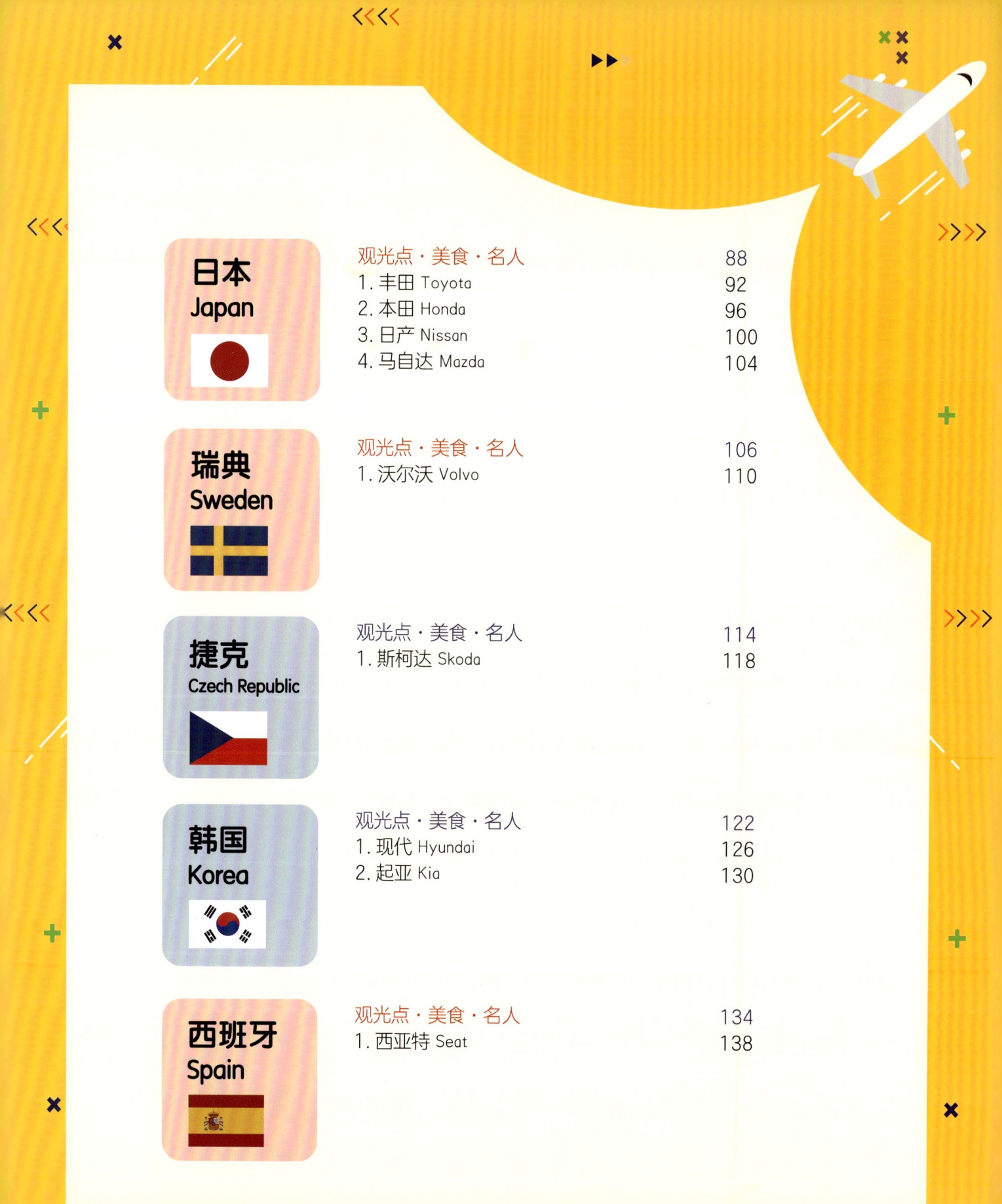

日本 Japan	观光点·美食·名人	88
	1. 丰田 Toyota	92
	2. 本田 Honda	96
	3. 日产 Nissan	100
	4. 马自达 Mazda	104
瑞典 Sweden	观光点·美食·名人	106
	1. 沃尔沃 Volvo	110
捷克 Czech Republic	观光点·美食·名人	114
	1. 斯柯达 Skoda	118
韩国 Korea	观光点·美食·名人	122
	1. 现代 Hyundai	126
	2. 起亚 Kia	130
西班牙 Spain	观光点·美食·名人	134
	1. 西亚特 Seat	138

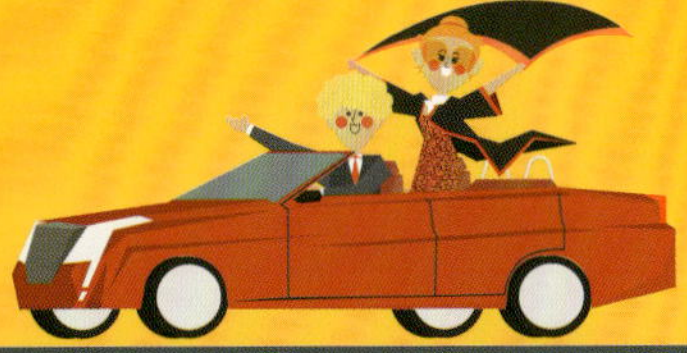

观光点·美食·名人

德国

Germany

首都：柏林
语言：德语
面积：约357,376平方公里
人口：约8,298万
国内生产总值：约3.68万亿美元

"德国是音乐和汽车之国！"

"快去德国旅行吧！"

"激动的德国之旅！"

汉堡港
位于德国第二大城市汉堡市，是德国最大的港口。

科隆大教堂
1248年开工，历经600多年才竣工的古典教堂。

德国国会大厦
是德国联邦议会的所在地。

德国名牌车大集汇

奔驰

宝马

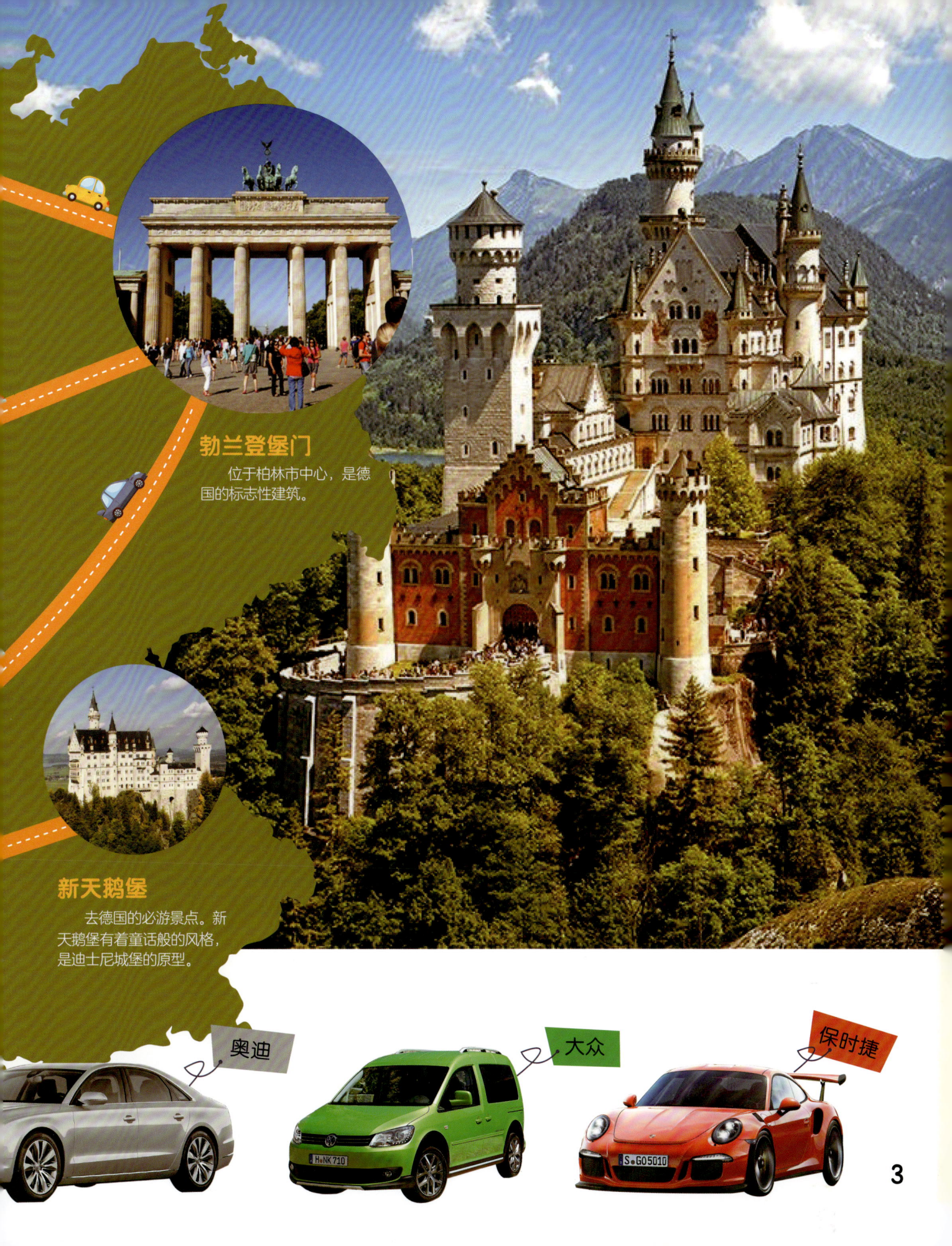

勃兰登堡门
位于柏林市中心，是德国的标志性建筑。

新天鹅堡
去德国的必游景点。新天鹅堡有着童话般的风格，是迪士尼城堡的原型。

奥迪　　大众　　保时捷

"好想尝一尝德国香肠！"

德国酸菜
德国的代表食物。用腌制的圆白菜制作而成，经常和德国香肠以及其他肉类搭配着吃。

德国猪脚
用烤猪肘子制作的香喷喷的巴伐利亚地区的食物。

德国香肠
去德国必吃的美味。有名的德国香肠种类多达1500多种，味道和香味很奇特。

路德维希·凡·贝多芬

著名音乐家，创作了《英雄》《命运》和《合唱》等很多交响曲，还创作过歌剧。令人震惊的是，他年轻时失聪，作为音乐家听不到声音，简直不可想象。但是他凭着自己不屈的意志，留下了很多不朽的作品。

伊曼努尔·康德

18世纪的哲学家。康德高度自律的生活方式成为当时人们效仿的对象。1781年发表的《纯粹理性批判》很有名。

奥托·冯·俾斯麦

他将分散的德国统一起来，并让德国走上富强之路，人称"铁血宰相"。

梅赛德斯－奔驰
Mercedes-Benz

用汽油作为燃料的汽车是在1885年发明的。在这个时期卡尔·本茨首次生产了用汽油发动机的三轮汽车。紧接着戈特利布·戴姆勒又生产了四轮汽车。这两个人分别用自己的名字命名成立了公司，第一次世界大战后，这两个公司合并，自此梅赛德斯－奔驰这个品牌就诞生了。

◀ 戴姆勒和本茨最初的商用汽车

AMG GT

E级敞篷

G级

"戴姆勒这个名字不见了吗?"

"梅赛德斯这个名字又是怎么来的呢?"

"经营戴姆勒代理店的人,他的女儿叫梅赛德斯。戴姆勒的名字现在还保留在'戴姆勒股份公司'中呢。"

SLS AMG

SLS AMG 2

GLE级

AMG GT

CLA级

A级

唯雅诺

S级

C级

Citan

交通文化的终结者——德国高速公路

德国的高速公路没有速度限制，汽车能以最快速度行驶，但也不全都是这样，也有建议速度。也就是说只要车辆能控制，要多快有多快。所以在德国高速上，时速200公里以上是很常见的。

2 宝马
BMW

宝马公司是巴伐利亚机械制造厂股份公司的简称，位于德国慕尼黑，主要生产汽车和自行车。公司的名称中包含地名，这点很有意思，蕴含着德国人的自豪感哦。

Z4

i3

X6

3系旅行版

X4

"爸爸,BMW怎么读?"

"人们都读宝马。"

"按照英文字母读也可以,叫宝马也可以。"

5系

7系

X3

6系Gran Coupe

2系旅行版

X1

3系

明星们都坐什么车呢？

明星们一般都坐内厢比较大的商务车，可以放很多行李，很方便。

6系敞篷

i8

1系

X5

13

3 奥迪
Audi

奥迪这一汽车品牌的背景很复杂。1932年4个汽车制造公司合并的**汽车联盟股份公司（ATUO UNION AG）**，是奥迪的前身。合并的四个公司中有奥古斯特·霍希1899年创建的霍希公司。车标4个圈分别代表4个公司。

A3 Sportba

R8 Spider

Q7

A3 敞篷

"汽车联盟股份有限公司名字太长了,好难记。"

"奥迪这个名字什么时候出现的呢?"

"20世纪30年代,汽车联盟股份有限公司更名为奥迪,自此也成了高档车品牌。"

TT敞篷

R8 Coupe

S1 Sportback

15

TT

Q7

A6

Q5

TT Roadster

16

A3

A3 Sportback

Q3

A8

17

大众
Volkswagen

高尔夫 Sportsvan

Volkswagen在德语中是"人民大众的汽车"的意思。1937年大众公司宣告成立，由汽车设计师保时捷博士所开发的汽车的外形像甲壳虫的外壳。这种车也被叫作甲壳虫，一上市就很受欢迎，是今日大众的基石。

"德国车的名字真的很有趣。"

"大众是个很大的公司吗？"

捷达

途安

高尔夫两门版

高尔夫 Sportsvan

"大众旗下有10个以上的汽车品牌,是世界性汽车制造公司。"

甲壳虫

高尔夫 Alltrack

Polo R

XL1

19

5 保时捷
Porsche

保时捷是 运动跑车 中的佼佼者。大众的保时捷博士将自己设计的甲壳虫汽车改制成跑车并发布，成为保时捷汽车制造的开端。

"车标中STU-TTGART是什么意思？"

Carrera Cabriolet

Cayenne Turbo S

Boxster S

20

"那是一个城市名：斯图加特。保时捷的总公司和博物馆都在这个城市。"

Cayman GT4

GT3

Panamera Turbo S

"保时捷的图标真的好华丽哇。"

Macan S

Panamera GTS

观光点・美食・名人

美国

USA

首都：华盛顿哥伦比亚特区
语言：英语
面积：约937万平方公里
人口：约3.3亿
国内生产总值：约20.5万亿美元

"让我们来了解一下美国吧！"

"出发吧！"

奥兰多迪士尼乐园

世界上最大的迪士尼乐园。由四个主题公园和两个水上乐园组成，其华丽程度和游乐项目之多，让人为之惊叹。

好莱坞

好莱坞位于洛杉矶，是美国电影产业的重要基地。

科罗拉多大峡谷

位于亚利桑那州西北部高原地带，是科罗拉多河长时间侵蚀所产生的峡谷。

底特律

是密歇根州最大的城市，也是美国最大的汽车产业城市。尤其值得一提的是底特律的车展，全世界都很有名。

纽约

纽约有很多大学、研究所、博物馆、剧场和电影院等，是美国的文化中心。

华盛顿哥伦比亚特区

美国的首都。以白宫和华盛顿国家广场为中心，城市本身美轮美奂，像一个庄园。

亚伯拉罕·林肯

南北战争中，他领导北方人民并取得胜利，解放了黑人奴隶。他是美国历史上伟大的总统，在政治上，即便是反对他的人，只要有能力，他也会果断起用，表现出很强大的领导力。

托马斯·爱迪生

他的发明多达1000多种，尤其是白炽灯泡和留声机的发明为人类做出了巨大的贡献。

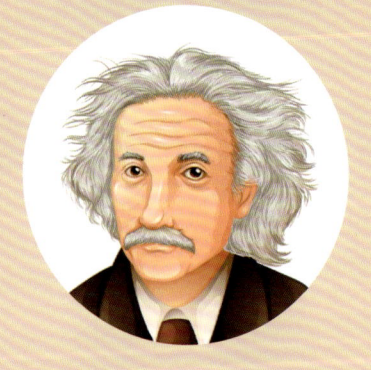

阿尔伯特·爱因斯坦

出生于德国，被称为天才物理学家。"不是我聪明，只是我和问题周旋得比较久。"这句话就出自阿尔伯特·爱因斯坦。

亨利·福特

福特在汽车产业上经历了两次失败，但是他凭借不屈的毅力，最终取得成功。福特汽车公司一度成为历史上车辆销售最多的汽车公司。他可以说是美国为失败者开启成功之门的汽车之王。

汉堡

美国的代表食物。从用里脊肉做的豪华汉堡到简单的快餐汉堡，种类繁多，各式各样。

热狗

长面包里面夹上香肠，再配上番茄酱、芥末酱和腌萝卜等的快餐。

烤火鸡

美国人感恩节的时候常常吃的一种食物。

海鲜

美国人喜欢吃肉，海鲜的消耗量也很大。龙虾、三文鱼、虾和青鱼等，用黄油或油炸调料加工，配着蔬菜吃。

雪佛兰
Chevrolet

出生于瑞士的路易斯·雪佛兰于1911年在美国底特律创立的汽车公司。1918年归为通用集团旗下，通用集团旗下还有别克、凯迪拉克等多个品牌，其中雪佛兰是最普通、最大众的牌子。

◆科尔维特是通用集团旗下最高端的超级跑车品牌。

◆1903年美国莱特兄弟制造的世界第一架飞机。

"雪佛兰汽车虽然是美国品牌，但是在中国也是很常见的。"

"虽然是美国的品牌，但是中国对其加强了本土化研发。"

英帕拉

SS

科迈罗Z28

斯帕可

"2002年通用汽车公司将韩国的大宇汽车收购后,将其改成了通用汽车韩国公司。"

科罗拉多(Colorado)

车结构

科尔维特 Z06

Tahoe

27

科尔维特

探界者

沃兰多

科鲁兹

迈锐宝

Bolt

Suburban

29

2 福特
Ford

1903年亨利·福特创建的福特汽车公司对汽车产业很有影响力。为什么呢？因为福特公司率先使用了机械传送带运输零件让工人进行组装的生产方式。在这之前，汽车都因为价格昂贵，一般人根本无法承担，而福特公司的这一技术让汽车一下子大众化，取得了很大的成功，一时声名大噪。

"福特汽车的优势在哪？"

◆福特Mustang的车标形象是一匹正在飞速狂奔的野马，福特Shelby GT的车标是一只眼镜蛇。

"首次引入流水线生产模式。真的很厉害。"

B-Max

翼搏

金牛座

嘉年华

"福特公司逐渐成为跨国企业，现在已经是全球性公司。"

Shelby GT500

Mustang

Shelby GT500

福特GT

31

Ford

探险者

福特GT

蒙迪欧

福克斯ST

金牛座

KA

C-Max 混动版

33

3 克莱斯勒
Chrysler

克莱斯勒是和通用汽车、福特汽车齐名的美国三大汽车公司之一。因为没有跟上变化的时代潮流，曾一度经历过经营危机。

"在纽约有一座非常雄伟的克莱斯勒大厦。"

"克莱斯勒大厦高度为319米，据说公司并不在此办公。"

克莱斯勒 200

大捷龙

300C敞篷

Delta

Pacifica

克莱斯勒 300

克莱斯勒 300C

Ypsilon

Pacifica

4 吉普
Jeep

在战争中，军人可将生命交付与之的车。这就是吉普车诞生的使命。不管路途多么艰险，都能穿越的车就是吉普车。

"四个轮都有动力驱动，而且还很结实。"

"为战争而制造的车！"

"那吉普车一定很结实。"

大切诺基

牧马人

牧马人 Unlimited

自由人

牧马人 Unlimited

Jeep

指南者

自由侠

5 特斯拉
Tesla

特斯拉于 2003 年在美国硅谷诞生。历史虽然不长，但作为电动车制造商，备受瞩目。

"硅谷是什么意思？"

"什么是电动汽车？"

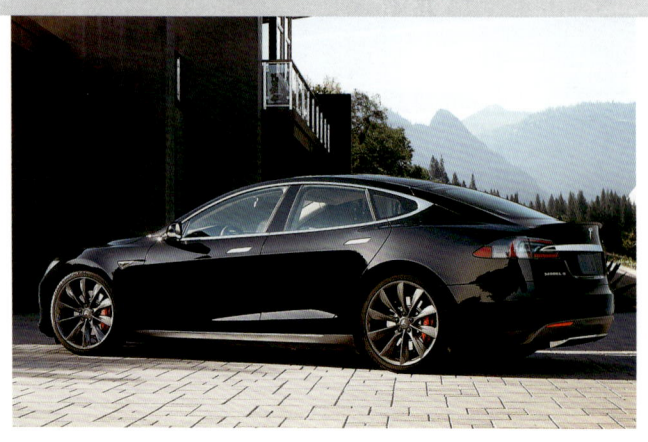

Model

Model S

38

Roadster

"硅谷位于美国西部加利福尼亚南边，聚集了很多计算机IT产业相关的尖端公司的工业园区。不用汽油，而是靠蓄电电池发动的汽车叫电动汽车。"

Model X

Roadster

39

6 林肯
Lincoln

1917年亨利·利兰创立的豪华车品牌。以美国第16任总统林肯的名字命名，也是总统专用车。

"公司的名字为什么是林肯呢？"

"很符合林肯总统的名声，是很典雅的高级车哦。"

MKZ

MKZ

MKS

MKC

MKZ混动版

40

"这是因为创始人利兰非常尊敬林肯，才用他的名字命名。"

MKT

MKX

领航员

41

7 凯迪拉克
Cadillac

凯迪拉克可以称得上是豪华车的代表。这个名字是为了向法国贵族、汽车之城底特律的开拓者安东尼·门斯·凯迪拉克表示敬意。

"凯迪拉克因是美国总统的专用车而出名。"

"嗯？那不是林肯吗？"

ATS Coupe

ATS-V Coupe

XTS

CTS

CTS-V轿车

"两者都是。"

凯雷德

ELR

SRX

43

观光点・美食・名人

法国

France

首都：巴黎
语言：法语
面积：约55万平方公里（不含海外领地）
人口：约6,699万（含海外领地）
国内生产总值：2.58万亿美元

"我们去文化和艺术之国法国旅行吧！"

凡尔赛宫
位于法国首都巴黎西南部的凡尔赛镇。凡尔赛宫是17世纪波旁王朝建造的巴洛克式建筑。

圣米歇尔山
位于法国西北部布列塔尼和诺曼底交界处的山，古色古香的风景和海边景色经常出现在电影中。

法国高速铁路TGV
TGV是法国高速铁路系统简称。1972年就创造出了时速318千米的世界纪录。

埃菲尔铁塔

到了近代，埃菲尔铁塔成为最具有代表性的法国象征。

卢浮宫博物馆

世界四大博物馆之一，其中展示了很多世界上珍贵的艺术作品，共有3个区域，只是参观一个区域就需要大半天。

美　食

法棍
只用面粉、水、酵母和盐制作的长长的棍形法国面包。

羊角面包
放入足量的黄油搅拌制成层状新月形的法国酥脆面包。

红酒水波蛋
把鸡蛋在红酒中煮熟的一种家庭常见美食。再配上胡萝卜、洋葱、圆白菜和莴苣等蔬菜以及蘑菇、肉类及香辣调料等烹制而成。

法国蜗牛
食用蜗牛是法国人喜欢吃的一道菜，味道也很好。

红酒
人们经常会说这么一句话："红酒不只是用来喝的，要先闻闻它的气味，再跟它对视，然后品尝、吞咽。最后还要跟它进行对话。"

法国的名人

拿破仑·波拿巴

"在我的字典里没有不可能。" 出生于科西嘉岛一个贫困家庭，毕业于军事院校。30多岁就登基成为皇帝，征服欧洲，让法国变得强大的英雄人物。

路易十四

"朕会死，但是国家会永存。"法国历史上拥有强大王权的在位时间最久的王。别名为太阳王。

维克多·雨果

诗人、小说家。他的作品《悲惨世界》广为人知。

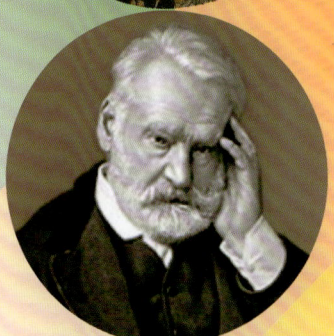

查理曼大帝

统治版图囊括西欧大部分地区的"罗马人的皇帝"。大帝手下有12名圣骑士非常有名。

◆1760年法国的蒸汽汽车

雪铁龙
Citroen

最初从事钢铁加工业的安德烈·雪铁龙随着财富的积累，于1919年进入了汽车行业。雪铁龙的车标是两个倒 V 字形，其技术和设计都很独特。

"雪铁龙独特的地方在哪里？"

C6

C4

C4 PICASSO

DS 4

48

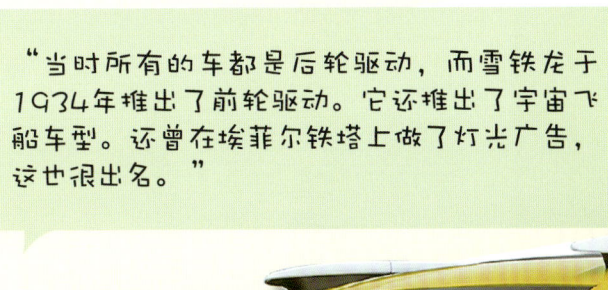

"当时所有的车都是后轮驱动，而雪铁龙于1934年推出了前轮驱动。它还推出了宇宙飞船车型。还曾在埃菲尔铁塔上做了灯光广告，这也很出名。"

C4 Cactus

C3 AIRCROSS

Jumper

DS 5

C0

DS3 Cabrio

C1

Nemo Combi

GRAND C4 PICASSO

C5

C4

C3 PICASSO

C6

大海里的"汽车"是船！轮渡是指什么？

轮渡就是用轮船把人或货物运送到对岸。轮渡定时在指定的区间行驶，不只可以供人们观光，也可以给岛上居住的人运输物品。陆地有汽车，大海有船。

51

2 标致
Peugeot

1810年标致公司成立，主要生产小型金属零件。1889年开始生产蒸汽汽车。标致汽车公司历史悠久，堪称百年老号，其生产汽车的历史仅次于汽车鼻祖戴姆勒 – 奔驰。

"历史悠久的标致车备受法国人的宠爱。"

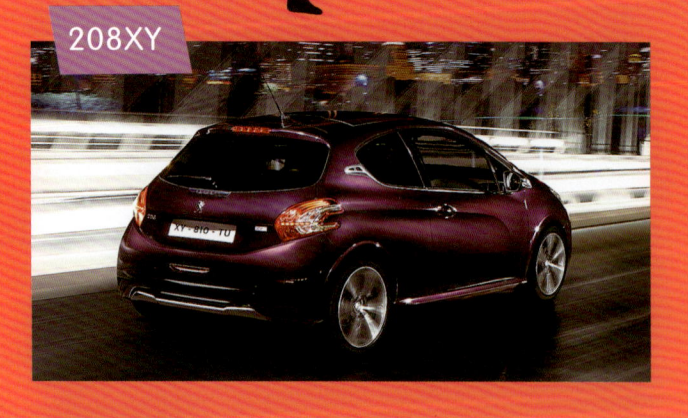

208XY

308 GT

RCZ

"对啊，在法国的街头，标致汽车很多，真的是国民品牌汽车。"

4008

508RXH

iOn

Partner Tepee

PEUGEOT

408

5008

2008

508

108

308CC

Expert Tepee

3 雷诺
Renault

雷诺汽车是由工程师出身的路易斯·雷诺于1898年创立的公司。雷诺是世界上最悠久的汽车公司和世界十大汽车公司之一。

"这个品牌是以创始人的姓氏命名的呢。"

"是的。雷诺是由路易斯·雷诺和他的两个兄弟共同创立的。路易斯负责车辆的设计和制造。"

- Clio RS
- 卡缤
- 科雷嘉
- Kangoo

卡缤

"商标是四个菱形拼成的图案呢。"

RENAULT

ESPACE

科雷傲

拉古那

57

RENAULT

风景

三星QM6

Trafic

梅甘娜敞篷

梅甘娜Coupe

Twingo

Zoe

塔利斯曼

TALISMAN

59

4 布加迪
Bugatti

1909年由 埃多尔·布加迪 创建的跑车品牌。从创建初期就将产品定位为高级汽车，现在专门生产高档豪华车。

"应该非常昂贵吧？"

"买一辆布加迪的钱可以买好几套房子。"

Chiron

Chiron

威航

威航16.4

Chiron

"高档豪华车动力十足,行驶性能也是最好的。"

威航

威航16.4

1932年Royale

Galibier

观光点·美食·名人

意大利

Italy

首都：罗马
语言：意大利语
面积：约30万平方公里
人口：约6,040万
国内生产总值：约1.9万亿美元

"浪漫之国意大利！"

梵蒂冈

世界上最小的国家，因为是教皇之城而出名。一个教皇城就是一个国家。

罗马斗兽场

位于首都罗马的古罗马时代修建的圆形竞技场。

"先去哪里好呢？"

62

圣马可大教堂

位于威尼斯市中心的圣马可广场，是威尼斯建筑艺术的经典之作。

比萨斜塔

位于托斯卡纳省比萨城的比萨大教堂的独立式钟楼，塔倾斜3.99°，无论怎么修缮都很难恢复直立。

"看！我也跟着比萨斜塔斜了。"

地中海美味之旅——意大利

意大利面

意大利面食的经典，也叫意粉。有实心粉、通心粉、宽面条等数十种。

意式焗饭

以米饭为主要食材，加入黄油，用烤箱焗的美食。长期航海的船员非常喜欢吃的一种食物。

意大利冰激凌

口感甜甜的，质地细腻绵密，小孩子非常喜欢吃。

比萨

传播到很多国家，必须品尝的意大利美食。

"意大利的美食好多啊！"

意大利的名人有谁呢？

尤利乌斯·恺撒
罗马共和国的政治家、军人。征服高卢（包括现在的法国和德国），并且将国土扩张到埃及和英国。

贾科莫·普契尼
意大利作曲家。其作品流畅，旋律哀切，不仅很符合他个人的风格，也容易引起听众很强的共鸣。

达·芬奇
文艺复兴时期意大利的天才画家、雕塑家和发明家。他的作品《蒙娜丽莎》和《最后的晚餐》家喻户晓。

伽利略
世界著名物理学家、天文学家。早期主张"太阳中心说"，被尊称为物理学和天文学之父。

意大利的交通工具和交通文化

意大利是法拉利、兰博基尼、玛莎拉蒂等豪车品牌的故乡。意大利生产高性能运动跑车，在赛车竞技上也表现出很大的优势。其中法拉利车队在F1比赛中连续5年获胜。法拉利是一级方程式赛车的代表。

菲亚特
Fiat

　　1899 年创立的菲亚特是意大利当时最大的企业，生产家庭汽车、商务车和军用车等各种车。总公司和工厂都位于意大利西北部的皮埃蒙特。菲亚特集团不仅涉猎汽车行业，还参与金融和其他制造业。

"据说菲亚特旗下还有很多其他汽车品牌呢。"

"菲亚特公司的规模多大呢？"

多宝

500 Cult版

菲跃

Panda

500L

"很多人开玩笑说:'不是意大利拥有菲亚特,而是菲亚特拥有意大利。'可见它有多大了!"

500L

Strada

500

500S

124Spider

Qubo

Ducato

Panda

500X

2 玛莎拉蒂
Maserati

1914年玛莎拉蒂家族五兄弟在意大利创办了历史最悠久的运动跑车品牌玛莎拉蒂。车标刻印的是海神波赛冬的三叉戟。玛莎拉蒂还专门邀请作曲家制作了引擎之歌。

"据说玛莎拉蒂的车型都是以'风'命名的？"

Ghibli

GranCabrio MC

GranTurismo MC Stradale

Lenvante

GranTurismo 运动版

"是的，意思是像风一样跑得快。例如Levante的意思是地中海之风。"

MASERATI

GranCabrio运动版

Quattroporte S Q4

Quattroporte

71

3 法拉利
Ferrari

一般汽车公司参与赛车是为了展示其技术，法拉利则与之相反，它是专门为赛车而诞生的。恩佐·法拉利最初从业于阿尔法·罗密欧汽车公司，在1947年成立了法拉利汽车公司。

FXX-K

"红色的法拉利好酷啊！"

"和保时捷一样，法拉利也是世界三大跑车品牌之一。"

488 GTB

California T

F12 Berlinetta

FF

"法拉利成名之后仍然坚持参与赛车，才孕育了现在的超级跑车。"

488 GTB内部

LaFerrari

LaFerrari侧面

73

4 兰博基尼
Lamborghini

世界知名跑车品牌兰博基尼被称为法拉利永远的对手。但是兰博基尼最初只是一个生产农用拖拉机的公司，在短期内就生产出了高性能运动跑车，逐渐跟法拉利形成跑车双璧，取得了很大的发展。

"兰博基尼是世界10大跑车品牌之一。"

"兰博基尼和法拉利的区别在哪里？"

Aventador LP700-4 敞篷版

Aventador LP750-4 Superveloce

Huracan LP610-4

Veneno

Centenario

"兰博基尼的设计风格是特有的面向未来，以直线为主的设计，属于男性风格。"

LAMBORGHINI

盖拉多New LP560-4

Urus

Huracan

观光点・美食・名人

英国

United Kingdom

首都：伦敦
语言：英语
面积：约24.41万平方公里（包括内陆水域）
人口：约6,605万
国内生产总值：约2.6万亿美元

白金汉宫

现在英国女王居住的宫殿。7~9月对外开放，皇家卫兵换岗仪式非常壮观。

大英博物馆

英国最大、最有名气的国立博物馆。馆里保存了800多万件藏品。

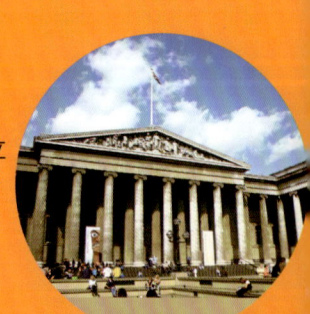

巨石阵

位于威尔特郡索尔兹伯里平原，和古代太阳崇拜、天文相关。巨石每块重达50吨，当时的建造方法到现在也是个谜。

伦敦塔桥

只要一说伦敦，就能让人联想到的一座很有名的桥。

英国的交通工具和交通文化

红色的双层巴士是伦敦的象征和标志。坐在上层前面的座位，可以欣赏到伦敦市内的景色，很受广大游客欢迎。

1863年世界首次开通地铁，当时使用蒸汽机车牵引列车，现在使用直流电方式运行。地铁是连接伦敦各个地点的重要交通工具。

下午茶

英国的茶文化很早就很发达，在午餐和晚餐之间大约3~5点，吃点儿甜点、喝点儿茶，其乐无穷。

英式早餐

由煎鸡蛋、培根、香肠、布丁、土豆饼等多种小吃构成的一种传统早餐。营养过于丰盛，卡路里很高。

炸鱼薯条

将白鱼肉裹上面油炸以后，配上油炸薯片和酱料吃的一种食物。

香烤牛肉

把牛肉在烤箱中烤着吃的一种烧烤食物。

特拉法尔加海战

英国海军使用有效的战术，在优秀的指挥官的领导下奠定了海上霸主的地位。纳尔逊在陆战中连战连胜，追击逃往埃及的拿破仑，发现法国的舰队后，对其进行了突袭。之后将法军引到海上，在特拉法尔加展开了海战，大获全胜。

女王伊丽莎白一世

作为16世纪都铎王朝的最后一个女王，她为英格兰迈向大英帝国奠定了坚实的基础。

威廉·莎士比亚

伟大的作家，英国人常说即使是印度文明也无法与之相比。是世界最优秀的剧作家，他创作了37部戏剧和大量诗集。

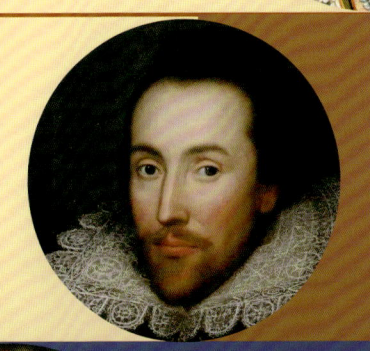

艾萨克·牛顿

是近代理论科学的先驱者。在数学上开创了微积分法；在物理学上确立了非常著名的牛顿力学。

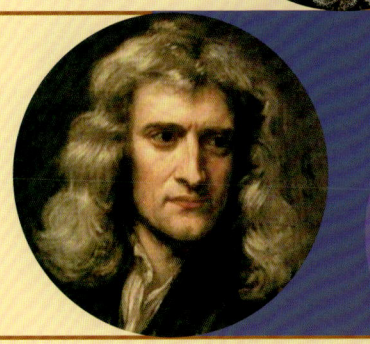

劳斯莱斯

Rolls-Royce

贵族查理·劳斯和技术人员亨利·莱斯共同建立了劳斯莱斯汽车公司，之后还进军航空领域。也许因为创始人是贵族，所以生产高档豪华的汽车。现在属于德国的宝马公司。

"据说这个公司的车不是有钱就能买到的？"

"要想坐劳斯莱斯，必须得有一定的气场是吗？"

曜影

曜影

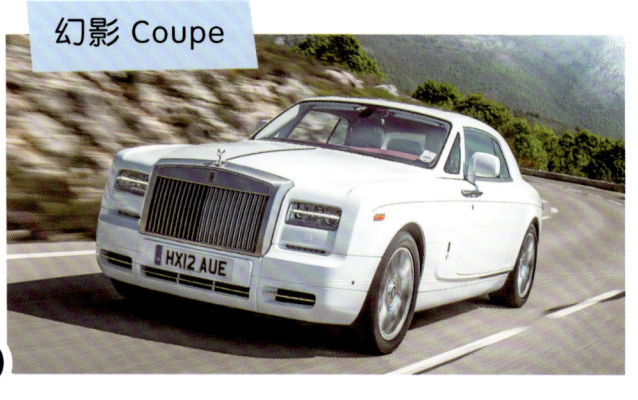

幻影 Coupe

幻影 Drophead Coupe

幻影系列II SWB

"劳斯莱斯的销售量是有一定限额的，因为劳斯莱斯是使用了大量手工制作的高级豪华车。比如不卖给有犯罪记录的人，因为这样会降低车的格调。"

古思特系列II

ROLLS ROYCE

幻影 EWB

魅影

81

2 捷豹
Jaguar

捷豹生产的是优雅和运动兼具的高级车。1922 年威廉·里昂斯在英格兰西北部成立了一家摩托车公司，1935 年推出了首款高性能捷豹跑车，成为当时的大热门。

"捷豹是生活在南美的一种豹子吧？"

XE S

XJ

F-PACE

E-PACE

XJR 575

"是的,捷豹生产的车正如它的名字,追求敏捷灵敏的动感,是非常正统的跑车。"

XJR 575

F-TYPE V8 S

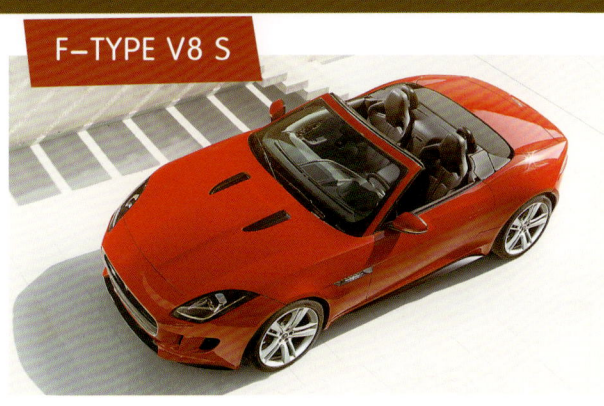

F-PACE

3 路虎
Land Rover

1948年罗孚公司推出了多功能越野车，这是路虎的开端。据说是莫里斯·维尔克斯参考吉普车进行开发的。1978年路虎独立，确立了四轮驱动的路虎品牌。现在和捷豹同属印度塔塔集团。

"跟美国的吉普一样，车很结实。"

"大家都说它是越野车中的佼佼者。"

揽胜5.0 V8

卫士

发现

84

第四代发现

"是的。就像吉普向美军提供军用车一样，路虎向英军提供军用车。由此可以看出它的耐用性很强。"

揽胜极光敞篷

揽胜运动版

揽胜极光

发现神行

85

4 迷你
Mini

1959年英国汽车公司开发了小巧的小型车迷你，一上市就引发了购买热潮。一直持续到2000年，其设计40多年来一直没有发生大的改变。

"迷你的车好可爱。"

五门版

Clubman Cooper D

Clubman

Rodster Cooper S

迷你Cooper 三门版

"迷你公司秉承了英国人的风格，一直坚持不改变车型，构建仅属于自己的独特世界。"

Clubman Cooper S

Paceman Cooper S

Countryman Cooper S

观光点·美食·名人

日本

Japan

首都：东京
语言：日语
面积：约37.8万平方公里
人口：约1.27亿
国内生产总值：约4.8万亿美元

道顿堀
大阪的一条能感受到平民氛围的日本繁华街道。

熊本城
熊本城位于日本熊本县。是加藤清正建立的一座城，1607年完工，现存的城郭是在1960年复原的。

大阪城
日本三大名城之一，因为火灾损坏，到了近代建成了钢筋混凝土之城。

秋叶原

东京的一条代表漫画之国日本的商业街。在这里可以买到漫画、动漫和游戏等多种商品。

东京铁塔

位于东京都港区的一座铁塔。正式名称为日本电波塔。近50多年来，都被看作是东京的象征。

体验一下色香味俱全的日本料理

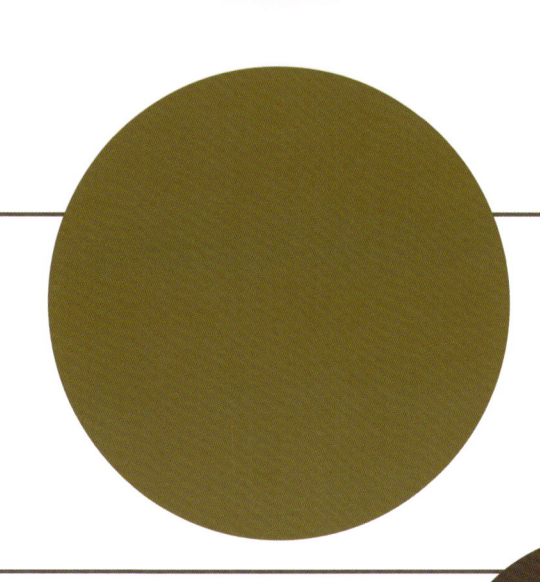

锄烧火锅

日式烤肉火锅，将牛肉、蔬菜、豆腐和蘑菇等配上用酱油和糖调的酱汁，在锅里熬煮之后蘸上蛋液吃。

什锦烧

日式油炸食物。将面粉和鸡蛋放入水中搅拌成糊，再将其他食材放进去后下油锅煎着吃。

日式盖饭

把米饭盛到大碗中，然后在上面放上各种菜的一种盖饭。

寿司

寿司可以说是最能代表日本的一种食物。把米饭用醋和盐拌一下，然后捏成长团，再放上芥末酱和鱼肉等。

日本有哪些名人呢？

宫崎骏
将漫画引领到艺术境界的世界优秀漫画家，代表作有《龙猫》《千与千寻》等。

织田信长
日本战国时代的大名，一生致力于结束战乱，统一日本，为平复战火不断的日本战国时代奠定了基础，对日本历史有很大的影响。

村上春树
作家，被誉为日本80年代的文学旗手。他的作品被翻译到西方很多国家，在东亚国家也有很高的认知度。

"那儿就是大阪。"

"爸爸，中间那座城是什么城？"

1 丰田
Toyota

1926年丰田佐吉创建了丰田自动织机制作所，1933年他的儿子丰田喜一郎在公司内部设立了汽车制作部门，1937年独立，成立了丰田汽车公司，现在是和大众、通用争夺世界第一的汽车公司。

"在美国的街头也能经常看见丰田汽车。"

"混动普锐斯也很有名。"

埃尔法混动版

塔科马

凯美瑞

苔原

凯美瑞混动版

"虽然丰田进军全世界，但日本和美国是最大的生产基地。"

亚洲龙

陆地巡洋舰

雅力士

AQUA

凯美瑞混动版

普锐斯 Alpha

卡罗拉 Axio

普锐斯 C

塞纳

荣放混动版

日本代表交通工具新干线！

　　新干线是1964年日本为筹备东京奥运会专门修建的高速铁路。开通当时时速为200公里。

　　新干线开通50多年以来，没有发生过一起死亡事故。因其安全性和稳定性，备受国民关注和喜爱。

　　现在新干线连接日本全国，是日本的交通命脉。

❤2 本田
Honda

1946年由工程师**本田宗一郎**创立。本田宗一郎非常注重技术，刚开始成立了本田技术研究所。最初生产摩托车，从20世纪60年代起进入汽车行业。后来公司一贯秉承其创新精神，还进军了航空、机器人等技术领域。

"我还以为本田只是汽车公司呢。"

◆讴歌是本田汽车公司旗下的高端子品牌，于1986年在美国创立，标志为一个用于工程测量的卡钳形象。

"本田制造了世界第一个能用两条腿走路的机器人阿西莫，震惊世界。"

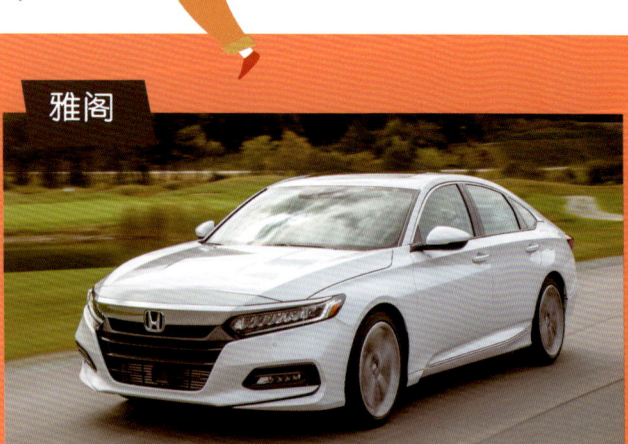

- 雅阁
- 讴歌ILX
- 讴歌RLX
- 思域Type R

讴歌TLX

讴歌MDX

思域

Pilot

97

讴歌TLX

N-BOX

奥德赛

98

S660

N-ONE

奥德赛Absolute

Pilot

讴歌MDX

3 日产
Nissan

1911 年成立的快进社是日产汽车的前身，1933 年日产汽车公司正式成立。20 世纪 90 年代经历了经营危机，1999 年法国雷诺入股日产，并联合推出雷诺日产，自此日产复活。日产旗下豪华车新品牌英菲尼迪 1989 年诞生。

◆英菲尼迪的椭圆形车标表现的是一条无限延伸的道路。

"日产还生产过军用车。"

"日产和韩国汽车产业有一定的渊源呢。"

天籁Altima

英菲尼迪Q40

英菲尼迪Q50

英菲尼迪Q30

Maxima

"1962年韩国第一家汽车公司以日产的蓝鸟为基础设立了现代化组装线，生产的汽车是韩国的第一辆汽车。"

NISSAN

楼兰

英菲尼迪QX80

聆风

NISSAN

- e-NV200
- Pathfinder
- Juke
- DAYZ

英菲尼迪Q30

英菲尼迪Q60敞篷版

Dayz

convertible和roadster的区别

◆convertible  ◆roadster

它们都是敞篷车的意思，那它们的区别是什么呢？前者是指有升降顶棚的敞篷车，后者根本没有顶棚，而且后者一般比前者小，只有两座。

4 马自达
Mazda

1920 年创办的生产葡萄酒瓶木塞的东洋软木工业公司是马自达汽车公司的前身。1931 年开始生产三轮车，1960 年生产的 运动轿车 很受欢迎，1984 年更名为 马自达。曾被福特收购部分股份，但是两者之间只有技术合作。

"马自达的独特之处在哪里？"

"因使用汪克尔的转子发动机而有名。"

阿特兹 Wagon

阿特兹

第四代MX-5

MX-5敞篷

MX-5

"有属于自己的特色呢。"

Scrum Wagon

普力马

马自达2

观光点・美食・名人

瑞典

Sweden

首都：斯德哥尔摩
语言：瑞典语
面积：约45万平方公里
人口：约1011万
国内生产总值：5,380亿美元

位于北欧斯堪的纳维亚半岛的一个国家。瑞典很早就注重发展军工产业，军舰和战斗机也是本国生产，也有世界级的汽车公司。

斯德哥尔摩大教堂

斯德哥尔摩历史最悠久的教堂，早在13世纪就建成，里面保存有很多皇家骑士的徽章，内部看点很多。

斯德哥尔摩老城

斯德哥尔摩老城区原原本本保存了瑞典王国的风情。就跟童话之城一样，有很多有趣的地方。

瓦萨沉船博物馆

整体展示了强大的瑞典海军当时最豪华的战舰瓦萨号，瓦萨号1628年沉没于此，1961年被打捞上来。

北极光天空站

去瑞典就可以观赏到神秘又美轮美奂的北极光，这可以说是上帝的礼物。

"童话般的感觉。"

"欧若拉女神之国，瑞典！北欧的王国，瑞典，GO！GO！"

107

瑞典肉丸

用猪肉、牛肉和鸡肉等碎肉团成圆形，再用油炸而成的一种食物，汤汁的香味很特别。

鲱鱼罐头

腌制食物。瑞典的冬季又冷又长，因此这种可长期储存食物很发达。

粗粮饼干

用黑麦粗粮制作的一种饼干，闻起来跟饼干很像。在宜家卖场可以买到。

越橘果酱

越橘果酱里面的果肉很新鲜，抹在面包上都能看到越橘籽，让人食欲倍增。

北欧海盗和船

北欧地区的诺曼人在8世纪至11世纪经常南下侵略欧洲各国，人们将这些诺曼人称作北欧海盗。

北欧海盗有着卓越的造船技术和航海技术，他们的船大致分为两类：一类是用于探险、贸易和战斗等目的的划桨船；一类用于贸易和运输目的的货船。

北欧海盗侵略欧洲各国多走水路，他们通过这种灵活的机动性战术，在当时和其他民族的战争中占有很大优势。

卡尔十六世·古斯塔夫

现在的瑞典国王。和平民西尔维娅结婚，其爱情故事传为佳话。

英格丽·褒曼

出生于瑞典的好莱坞女星。20世纪30年代开始涉足银幕，多次荣获奥斯卡最佳女主角奖。

阿尔弗雷德·诺贝尔

瑞典的发明家、企业家。发明了比火药更为安全、威力更大的炸药。去世前将其大部分财产捐赠，还以自己的名字创立了诺贝尔奖。

"我也想坐一坐！"

"海盗船真的好大好长！"

1 沃尔沃
Volvo

沃尔沃总公司于 1927 年在哥德堡成立，公司的经营理念是"保证安全"，生产出的汽车要能战胜险恶的地形和恶劣的天气。世界标准的三点式安全带就是沃尔沃的发明。

"安全第一，这个公司真的很好啊！"

"除了安全带，沃尔沃还快速引进了钢化玻璃、车窗除霜、减震装置、安全气囊等。"

C70

S60插电混动版

V40

V60 Cross Country

XC40

"现在还在为增加安全性能不断投资。"

VOLVO

S80

XC70

S60

VOLVO

S60 Cross Country

V40 Cross Country

V60

XC90

S90

XC40

S60

了解一下汽车各部位的名称吧！

引擎盖　后视镜　玻璃窗　油箱盖　后备厢

前照灯

进气口　轮胎　车门把手　保险杠

观光点·美食·名人

捷克

Czech Republic

首都：布拉格
语言：捷克语
面积：约78,866平方公里
人口：约1064万
国内生产总值：2,132亿美元

布拉格城堡

曾是哈布斯堡王族鲁道夫二世繁荣一时的城堡，城堡很大，可以作为一座城。

布拉格城堡钟

位于布拉格老街区。由两名钟表匠和一名数学家制作而成，一到整点钟声就响起。钟表内有很多人物形象，每一分钟就可以看见一个。

查理大桥

去捷克值得一看的就是中世纪的一些古色古香的建筑物，查理大桥上有30个造型各异的人物雕像，非常值得观看。

俄斯特拉发维特科维采钢铁厂

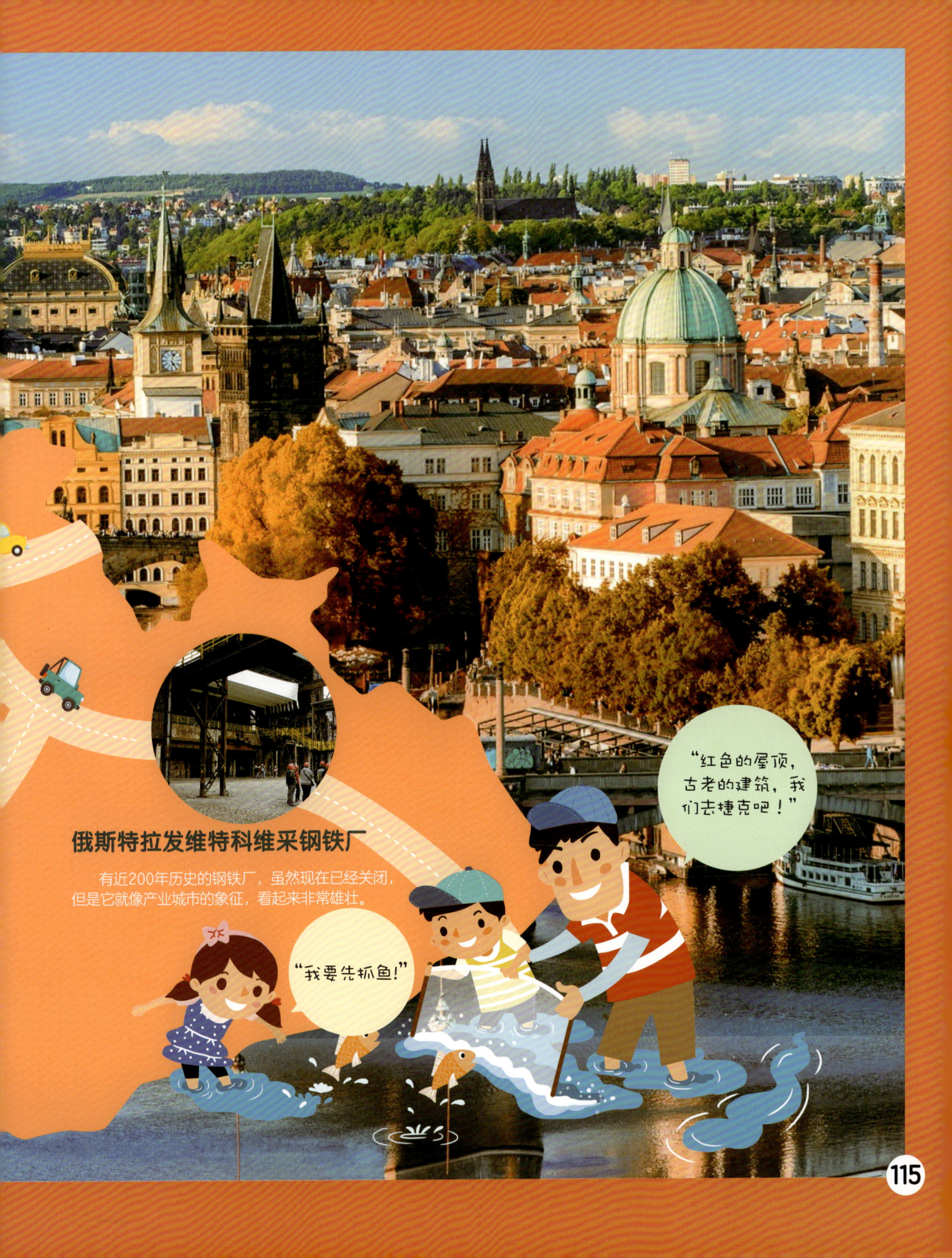

有近200年历史的钢铁厂,虽然现在已经关闭,但是它就像产业城市的象征,看起来非常雄壮。

"我要先抓鱼!"

"红色的屋顶,古老的建筑,我们去捷克吧!"

115

"去捷克我们要吃点什么呢?"

烤牛肉

捷克式的牛排。和蒸熟的面包搭配着吃。

蔬菜炖牛肉

在牛肉里放上洋葱、辣椒、辣椒粉等煮着吃的一种炖菜。东欧人很喜欢吃的一种食物。

捷克面包

圣诞节时吃的一种面包,搭配甜甜的曲奇饼干吃。

安东·利奥波德·德沃夏克
因其第九交响曲而闻名世界的19世纪作曲家。

扬·胡斯
为宗教改革奠定基础的15世纪神学家。比马丁·路德提前100年为宗教活动而奔波的先驱者。

弗兰兹·卡夫卡
捷克的天才作家。代表作品有《审判》《变形记》等。

贝德里赫·斯美塔那
捷克19世纪的音乐家。他创作的交响诗《我的祖国》，充满了爱国热情。

1 斯柯达
Skoda

该品牌创立于 1895 年，是世界上历史最悠久的四家汽车生产商之一。1925 年确立了现在的名字，和德国的大众活跃于东欧市场。

"捷克经历了多次的战乱和政变，所以传统企业的技术力和生产力都比较低。"

"现在斯柯达已经进军欧洲乃至世界市场了。"

"它以价格亲民又实用而闻名。"

Citigo

晶锐RS&旅行版

明锐

野帝

柯迪亚克

明锐旅行版

晶锐RS

Roomster

柯迪亚克

昕锐

晶锐旅行版

速派

柯迪亚克

明锐旅行版

Roomster

中欧的交通枢纽——捷克

在中欧和东欧国家中，捷克的交通最为发达，是名副其实的中欧交通枢纽。

捷克位于欧洲正中央，交通网很发达，铁路长达9,588千米，在欧洲面积中等的国家中，其城市化水平最高。

121

观光点・美食・名人

韩国

Korea

首都：首尔
语言：韩国语
面积：约10万平方公里
人口：约5,100万
国内生产总值：15,380亿美元

◆ 位于首尔的N首尔塔

N首尔塔

耸立在首尔正中央，位于南山山顶的观光塔。在这里欣赏到的首尔夜景美轮美奂。

国立中央博物馆

展示韩国历代重要文物的世界一流博物馆。

全州韩屋村

全州是后百济的首都，是朝鲜太祖的故乡，朝鲜王朝的根。在这里体验到的韩餐、韩服和韩纸等，是很正宗的韩国传统文化。

景福宫

朝鲜王朝的开国太祖李成桂迁都到首尔后建立的宫殿,已经有600多年了。

雪岳山

位于韩国江原道,是太白山脉的最高峰。四季风景各不相同,景色绝佳,是国立公园。

海云台

位于釜山的海水浴场。是韩国8大景观之首,海云台本身也有8景,其风景之美一直受到人们的称赞。

世 宗 大 王

123

- **石锅拌饭**

    用各种蔬菜和配菜拌着吃的韩国传统饮食。受到世界各国人民的青睐，是韩国的特色饮食。

- **韩国烤肉**

    古代在宫殿里吃的一种高档料理。用调料腌好肉再烤着吃，味道非常美。

- **炒年糕**

    用酱油或辣椒酱把条状年糕炒煮以后吃的一种饮食，是很有代表性的小吃之一。

- **参鸡汤**

    韩国很有代表性的进补饮食。来韩国的游客非常喜欢吃。

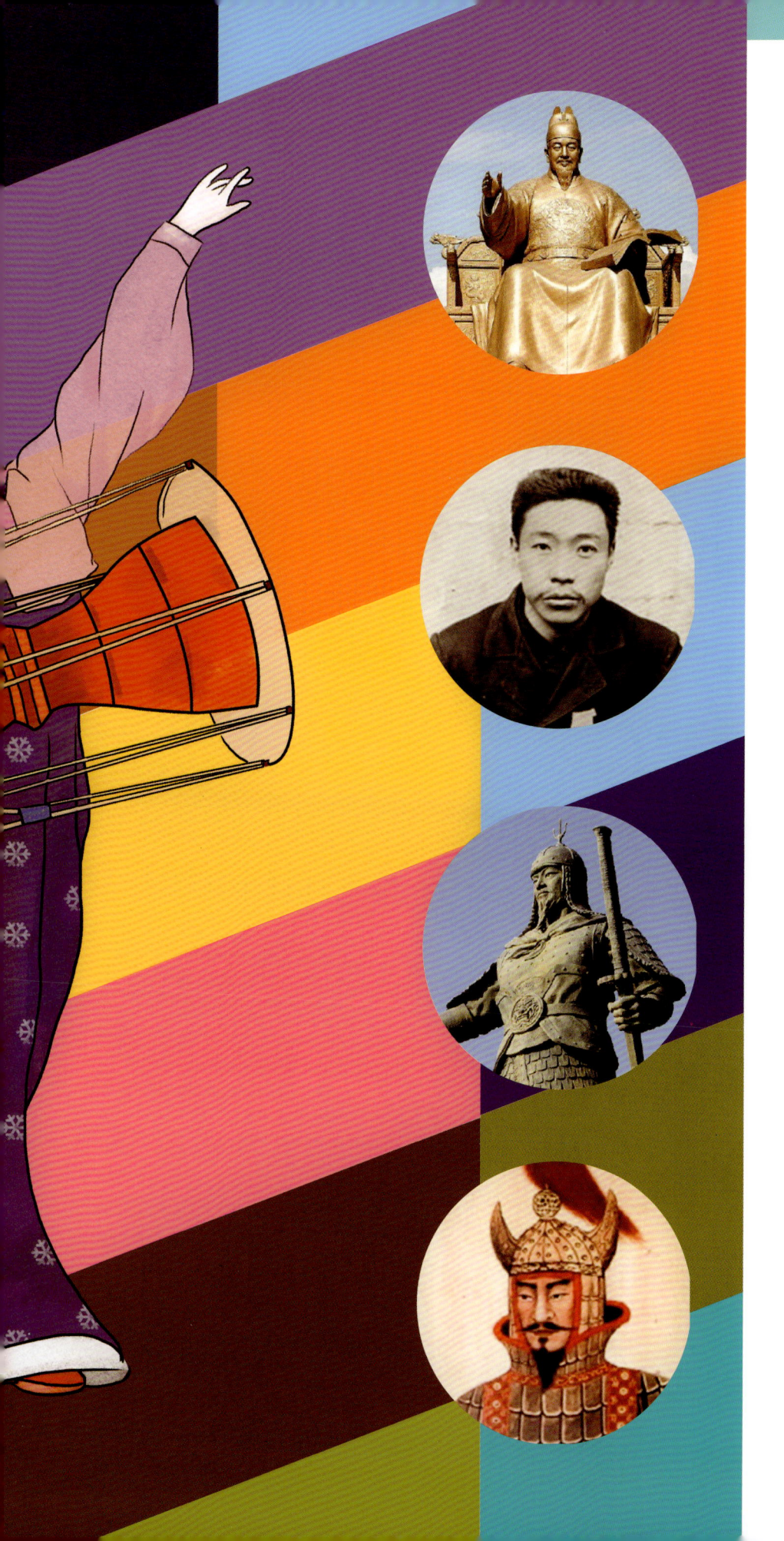

● **世宗大王**

朝鲜王朝第四代君主,创造了现在韩国人使用的文字。世宗大王注重科学,有很多发明,广施仁政,很受百姓爱戴。

● **安重根**

是朝鲜近代史上著名的独立运动家。在中国哈尔滨火车站刺杀了侵略朝鲜的元凶、日本的首领伊藤博文。

● **忠武公李舜臣将军**

16世纪日本率大军入侵,朝鲜在陆地上接连战败,国家生死存亡之际,李舜臣将军坚守大海,与倭寇在海战中屡战屡胜,拯救国家于危难之际。

● **广开土大王**

高句丽第十九代君主,谥号全称为"国冈上广开土境平安好太王"。他在位期间是高句丽领土最为辽阔的时期。

1 现代
Hyundai

现代汽车公司成立于1967年，最初在美国和日本等国的技术支援下生产汽车，1976年推出第一个 自主车型（Pony），是亚洲继日本之后第二个自主汽车生产国。

"Pony很厉害哦！"

"嗯，现代汽车逐渐发展，现在已经是生产量世界排名前列的大公司喽！"

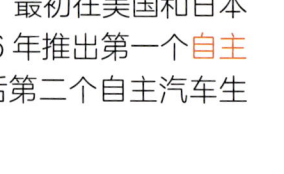

"对，是韩国汽车产业的鼻祖呢。"

雅绅特5门

Aslan

i30

飞思

126

雅尊HG

朗动GT

途胜

YF索纳塔

127

朗动

雅尊HG

捷恩斯

波特2

YF索纳塔混动版

雅尊HG

斯塔雷斯

i10

在京釜高速上奔跑吧！

1968年2月开工，1970年7月开通，是韩国最长的高速公路。在京釜高速开通前，从首尔到釜山需要12个小时以上，但是开通以后，缩短至5个小时。此高速的开通，为韩国的经济发展和工业化做出了很大贡献。

2 起亚
Kia

1944 年成立，最初生产自行车。1962 年将名字更改为 起亚产业，开始生产货车。到了 20 世纪 70 年代，起亚首次生产乘用轿车 Brisa，并成为现代汽车竞争对手。

"让人联想起了专业棒球队起亚老虎队！"

"起亚汽车也是大公司吗？"

"当然了，曾经有过世界销量排名第9的辉煌业绩呢。起亚比较注重汽车的设计。"

新佳乐

嘉华

K7

霸锐

K7

KIA

K3

索兰托

秀尔

K7

极睿

新嘉华

K3

Ray

普莱特

新Morning

模范出租车！

在韩国，标有"模范"字样的出租车，其司机驾龄均超过10年，而且运营期间没有一起责任事故。当然，乘坐这样的出租车价格自然要高一些！但是服务相对也要好很多哦。

观光点·美食·名人

西班牙

Spain

首都：马德里
语言：西班牙语
面积：约50.6万平方公里
人口：约4,673万
国内生产总值：约1.31万亿美元

普拉多美术馆

马德里有名的美术馆。馆里展示了文艺复兴时期到现在的很多伟大艺术家的作品。

多西那国家公园

此地因多样的生态系统而闻名。还有很多濒临灭绝的物种栖息在此。每年都有50多万只海鸟来这里过冬。

古根海姆美术馆

由弗兰克·盖里设计，据说到这个美术馆参观的人会很自然地绕美术馆转一圈，因其是360°立体美术馆。

圣家族大教堂

位于巴塞罗那的天主教教堂。是天才建筑师安东尼奥·高迪倾注心血设计的天才作品。

阿尔罕布拉宫

摩尔人在西班牙建立的格拉纳达王宫，以极其简约之美而著称。

"呜哇，快看那只牛，就像要跑起来似的。"

"那是斗牛，是人和牛斗争的一种竞技。"

西班牙馅饼

在和好的面团里放上各种食材，再包起来用油炸或烤制的西班牙面食。

吉事果

油炸的一种长条状食物，可以归类为面包圈。很多人都喜欢沾着巧克力汁吃。也有人直接用巧克力汁和面制作成巧克力吉事果。

西班牙海鲜饭

在平底锅里加上肉、海鲜、蔬菜等翻炒以后再加入水煮，水开之后加入米蒸煮，这是西班牙传统的食物。

米格尔·德·塞万提斯

他和英国的莎士比亚都是代表16世纪欧洲文化的大文豪。代表作有《堂吉诃德》。

巴勃罗·毕加索

西班牙画家、雕塑家。代表作品有《格尔尼卡》《亚威农科少女》等。

弗朗西斯科·皮萨罗

西班牙殖民者，消灭了印加帝国。

普拉西多·多明戈

西班牙著名的男高音歌唱家，世界三大男高音之一。

西班牙的无敌舰队

西亚特
Seat

西亚特是西班牙最大的汽车企业。1950年成立于巴塞罗那，最初在意大利菲亚特公司的技术协作下生产汽车，20世纪80年代推出自己的车型伊比飒，之后归入大众旗下，现在推出的汽车主打年轻和运动精神。

"西亚特的英文是Seat，很容易翻译成'西特'。"

"哈哈，要读西亚特哦。"

Arona

伊比飒

Leon ST Cupra

Leon ST

Arona

"Seat中的S是指西班牙，现在不会错了吧。"

Leon SC

Toledo FR LINE

伊比飒 SC Cupra

139

Leon ST Cupra

Leon SC

Mii 五门版

Arona

大航海时代

是指15世纪至17世纪期间，欧洲很多国家通过海路寻找新大陆的时期。去非洲、亚洲、美洲等大洲开拓殖民地，去淘金。在此期间，西班牙占领了现在的美国中西部、南美的巴西、拉丁美洲、菲律宾和非洲西部一带，建立了全球帝国。但是16世纪末，在和英国的海战中战败，从此丧失了海上霸权。

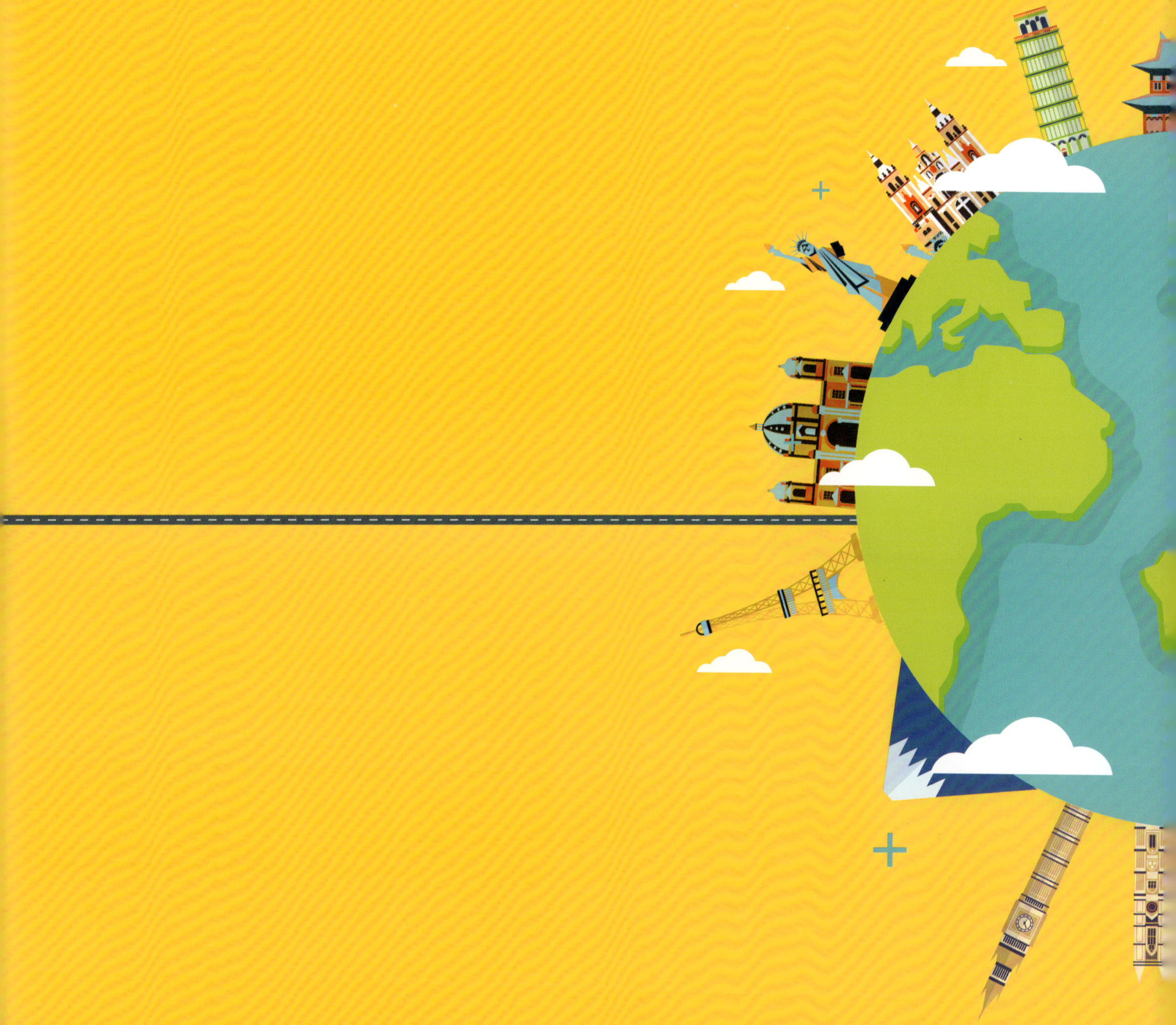

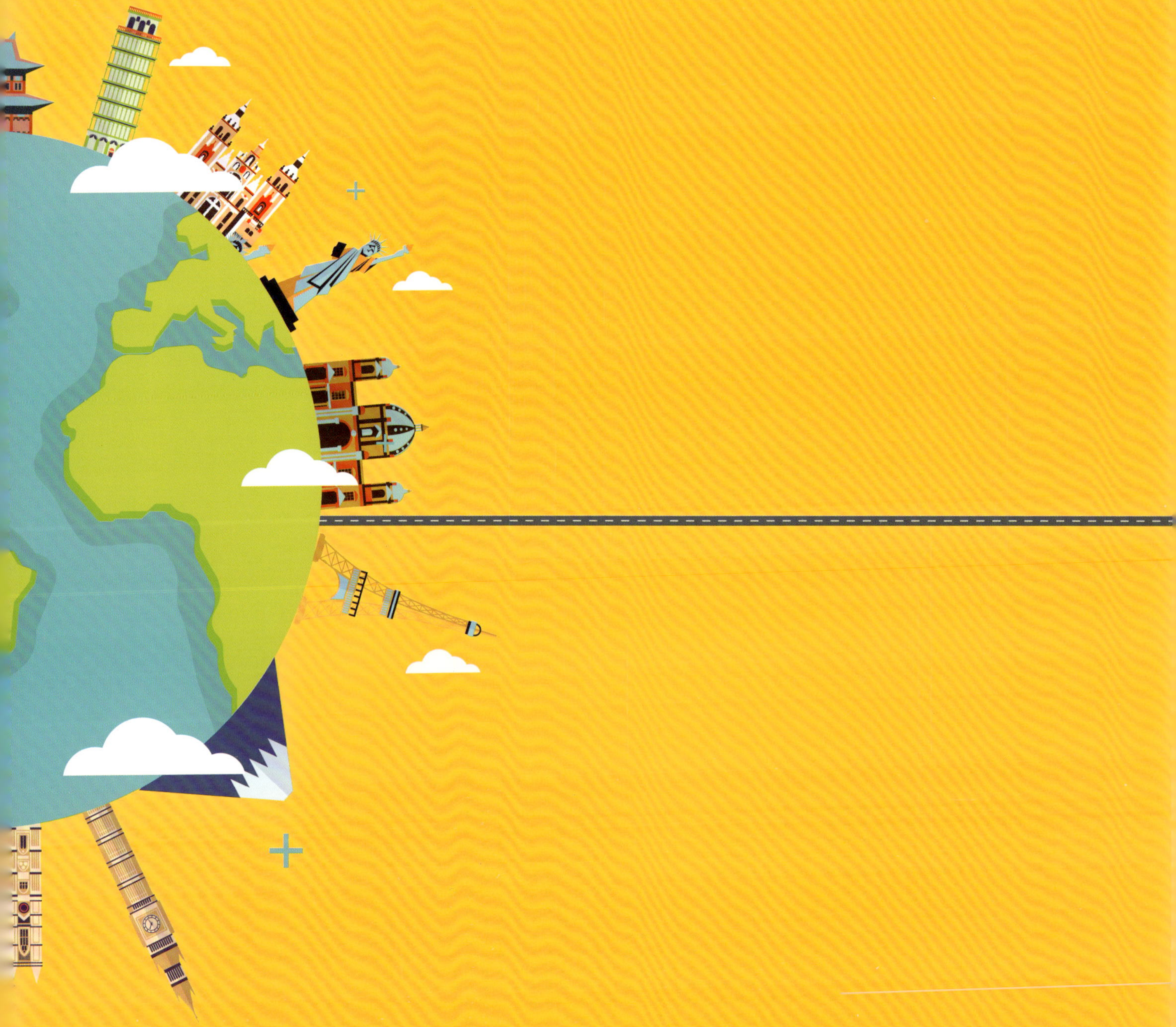